AF502584

LES VIERGES FOLLES.

PARIS

AUGUSTE LE GALLOIS, ÉDITEUR.

—

1840

Imp. de Pommeret et Guénot, rue Mignon, 2.

Nous protestons d'avance contre toute interprétation malveillante.

C'est un usage ancien et curieux d'attribuer à un auteur les mœurs du sujet qu'il traite : à ce compte, le doux Racine serait, à cause de sa tragédie des *Frères ennemis*, un monstre fort condamnable, et le chaste Boileau lui-même aurait dérobé à *Phylis* des *baisers* très-compromettants.

Celui qui écrit ces lignes est un homme austère : il désire être pris pour ce qu'il est.

Quand on se sent soutenu par une idée blanche et pure on peut traverser la fange sans se souiller, comme le cygne qui fend l'eau sans mouiller ses plumes.

Il y a quelques années, la morale publique passait voilée, ironique et grondeuse devant cette grande infortune qu'on nomme *la fille de joie;* elle s'emportait en invectives contre celles qui s'en vont ainsi colportant au grand air leurs charmes et leurs appas ; elle insultait des malheureuses déjà écrasées sous leur propre honte : or, tout ceci pouvait servir de thème à des déclamations sonores mais vaines qui laissaient les choses absolument dans le même état.

Aujourd'hui l'on déclame moins et l'on s'attendrit davantage ; le dégoût et la colère factice ont fait place à des vues plus humaines. On commence à prendre intérêt de ces filles folles qui sont les enfants perdus de la société. Dans nos promenades de nuit par la ville nous n'avons jamais passé, pour notre compte, devant ces spectres de femmes qui se traînent lamentablement le long des murs, dans l'obscurité, comme les larves de Virgile ou les ombres du Dante, sans que tout notre cœur se remuât d'une grande compassion. Mais pour que cette pitié ne demeurât point en nous stérile et oisive nous nous prîmes à réfléchir sérieusement sur les moyens d'améliorer le sort de ces pauvres créatures.

D'autres auraient réfléchi aux moyens de les supprimer : mais ceci est le rêve de réformateurs imprudents et brouillons qui abattent les mœurs en prétendant les relever. De tout temps la prostitution a été un mal nécessaire. Les siècles les plus corrompus sont toujours ceux où l'on essaie de l'étouffer. Les passions brutales éclatent alors en viols, en adultères, en incestes, en monstruosités de toute sorte qui accusent hautement la politique des hommes vertueux.

La prostitution est aussi vieille que le monde. Ce fait universel se reproduit chez tous les peuples et à tous les âges sous des formes diverses. A Rome, les prostituées étaient des esclaves exposées nues sur des tables, les pieds frottés de craie blanche et une couronne de feuilles de houx autour des cheveux. Les plus précieuses étaient enfermées dans des armoires; on ne les montrait qu'aux connaisseurs.

Ce n'est point de ces prostituées-là qu'il s'agit, mais de celles que nous avons maintenant devant les yeux. Il nous a été prêté sur cette matière deux gros volumes écrits par M. Parent Duchatelet, nous les avons lus dans le temps avec intérêt; mais il en est de ce docteur comme de tous les savants qui mettent plusieurs années à ne point voir ce qu'un ignorant découvrirait à fond et du premier coup d'œil.

Les Filles publiques de Paris, par M. Béraud, nouveau livre qui vient de paraître sur la même matière, ajoute à la statistique fournie par M. Parent; mais sorti des mains d'un commissaire de police, il ne contient encore que des renseignements relatifs à la discipline et à l'état sanitaire des filles de Paris. Jusqu'ici les vraies questions morales que soulève au dix-neuvième siècle la vue des prostituées n'ont point été traitées comme il convient.

Il est intéressant, sans doute, de savoir combien il y a de filles brunes à Paris, combien de blondes, combien qui ont les yeux noirs, bleus ou verts, et quelles sont les peines infligées à celles qui volent; mais il est encore plus utile de décider quelle place les filles publiques doivent tenir dans un État, s'il faut les proscrire, les tolérer ou les admettre, s'il y a vraiment à désespérer d'elles, ou bien si une éducation sage et modérée ne pourrait pas les ramener en un temps donné à la décence, aux bonnes mœurs et à la société.

Il y a sur notre civilisation moderne

deux plaies qu'il faut guérir : c'est le pauvre et la prostituée.

Ce progrès, propre à notre temps, nous semble magnifiquement contenu dans ces vieux mots de la Bible : « Relever de terre l'indigent et le tirer de son fumier, afin de le placer avec les princes, avec les princes du peuple *. »

Voilà pour le pauvre !

« Recueillir dans une maison habitable la fille stérile à force de débauches et en faire une mère de famille qui se réjouisse dans ses enfants **. »

Voilà pour la prostituée !

Ouvriers du bien public, ne reculons

* *Suscitans de terrâ inopem et de stercore erigens pauperem ut collocet eum cum principibus, cum principibus populi sui.*

** *Qui habitare facit sterilem in domo, matrem filiorum lætantem.*

pas devant la grandeur de notre tâche, et souvenons-nous que ce qui semble d'abord impossible à l'homme devient souvent d'un succès facile quand ses projets et ses effors se rencontrent dans la même voie que les desseins de la Providence.

Avant de descendre jusqu'aux prostituées on rencontre sur le chemin du déshonneur une foule de femmes de mauvaise vie que l'on est convenu de classer, selon leurs œuvres, parmi les femmes entretenues, les femmes galantes, les femmes à parties.

La femme entretenue est celle qui vit à la charge d'un homme; elle ne se livre à aucun de ces travaux manuels et domestiques où descendent souvent les femmes légitimes; toute sa tâche est d'être jolie et de plaire; c'est un objet de luxe, d'orgueil et de plaisir qu'on se procure, quand on est riche, comme un beau cheval ou un chien de Terre-Neuve; leur goût dominant est l'amour de l'or, non qu'elles en soient avares, mais avides. La femme entretenue vit sur l'homme qui l'aime comme sur un pays conquis.

La fidélité n'étant de sa part qu'une affaire de calcul où le cœur n'entre pour rien, elle cède aisément, l'occasion aidant, devant un caprice ou une vanité; et puis ces femmes haïssent généralement l'homme qui les paye; elles se sentent humiliées devant ses bienfaits onéreux comme devant les chaînes dorées d'un maître; elles se donnent un beau jour pour ne pas toujours recevoir.

C'est ce don imprudent et folâtre qui, une fois découvert, amène la ruine de la femme entretenue ; elle tombe alors de chute en chute à l'état de femme galante.

Celle-ci ne s'attache pas à un seul homme ; elle cherche fortune dans les jardins publics, dans les théâtres, dans les concerts, aux bals, aux tables d'hôtes. La femme galante n'est pas encore fille publique, son nom ne figure sur aucun registre de police, et quand un homme lui déplaît elle se réserve la consolation de le refuser ; ses faveurs ne sont point aussi invariablement taxées que celles de la fille ; elle se livre, suivant que le cœur lui en dit, pour un dîner, pour une partie au bois ou au chemin de fer, pour un léger cadeau. Elle ne s'affiche pas dans la rue autant que les prostituées : à peine si quelques regards en coulisse, une tournure fringante, un mouvement particulier de la croupe, une manière à elle de draper le schall ou le mantelet et de marquer un pli savant autour des reins la décèlent aux yeux exercés.

Comme les *conquêtes* qu'elle fait ainsi par hasard ne suffisent pas toujours au nécessaire de la vie, elle éprouve bientôt le besoin de s'attacher à l'une de ces maisons clandestines nommées *maisons à parties* où, sous prétexte de soirées, de bals ou de concerts, les hommes vont *faire des connaissances.* D'autres fois elle tient, pour la forme, des boutiques de revendeuse à la toilette où, à propos de gants, de cravates, de bretelles, de cols de chemise, de savon et de parfumeries, elle trouve moyen de débiter ses charmes.

Au reste, le sort de ces femmes est généralement misérable : pour une ou deux qui, à force d'adresse ou de beauté, se soutiennent dans l'aisance, il y en a vingt autres qui courent les rues de Paris avec des chapeaux flétris, des talons de soulier éculés, des robes consternées et des gants qui montrent le jour des doigts. Toutefois la misère apparente, la misère des vêtements n'est pas celle qui appartienne généralement à la femme galante ; c'est une seconde misère plus cachée, plus intérieure, plus dévorante, misère dorée qui recouvre souvent les dures privations du nécessaire et les souffrances de la faim. Telle passe dans la rue enviée des mendiantes en haillons à cause de son manchon, de son chapeau à plumes et de son mantelet de satin noir, qui porte au fond du cœur le souci rongeur du lendemain et la sombre perspective de l'hôpital.

Quoique la beauté et la jeunesse soient généralement pour ces malheureuses des raisons de succès, il en est pour elles de ces dons de la nature comme du talent pour les artistes : il faut encore que le hasard leur vienne en aide. On en voit de jeunes et de jolies qui meurent de faim sous les toits tandis qu'à côté d'elles des créatures flasques et grêlées s'engraissent sourdement des largesses d'un vieux célibataire dans un salon opulent et fermé de rideaux.

La plupart de ces femmes ont été amenées à cet état par des vices, mais, il faut l'avouer, par des vices excusables et dont peu de femmes sont exemptes. Par exemple, presque toutes ont été séduites par la coquetterie : c'est un premier cadeau dans leurs goûts et fait à point qui les a perdues. D'autres se sont laissées éblouir par le rayonnement de quelques pièces d'or, rayonnement auquel les femmes les plus honnêtes avoueront, si elles sont franches, ne pas rester insensibles. Tous les jours on voit dans le monde des jeunes filles tomber amoureuses d'un homme à cause de la manière prodigue et libérale dont il sème les louis sur le tapis vert d'une table de jeu.

L'or est le véritable soleil de l'amour.

Il nous répugne de ranger dans la classe des femmes entretenues, des femmes galantes, des femmes à parties, les grisettes.

La grisette a un état : elle est couturière, brocheuse, blanchisseuse en fin, enlumineuse ; elle va en journée ou travaille en chambre. Nichée sous les toits, elle vit de miettes et de chansons comme l'oiseau. Pour *passer le temps*, et comme son gain d'ouvrière ne suffit pas à ses *menus plaisirs*, elle a un amant. Jeune et coquette, elle s'adresse de préférence aux étudiants. La grisette a une mise à elle ; on la reconnait à son air papillotant, au ruban de son bonnet, à un pli de son schall ; tout le secret de sa toilette est de plaire à peu de frais. Sa figure répond à sa mise : elle est fraîche, coquette et chiffonnée ; pas de traits, mais un ensemble avenant et bien troussé qui tient lieu de beauté. Souvent elle charme sous la tuile les ennuis de pauvres jeunes gens enlevés par leurs études à la famille et au pays.

A plus forte raison ne comprendrons-nous pas dans la classe des femmes de mauvaise vie celles qui s'attachent à un homme par amour. Leur union, quoique irrégulière et réprouvée par le monde, s'absout à nos yeux par les sacrifices, les luttes, les services réciproques qu'entraînent dans le monde ces sortes de liaisons. Deux âmes qui souffrent ensemble et deux cœurs qui s'aiment forment un couple pur et touchant qui n'a pas besoin de la main des hommes pour être béni de Dieu.

Mais, hélas! la mort d'un amant, les dettes, le manque d'ouvrage, la faim poussent un beau jour toutes ces malheureuses plus bas encore; la grisette, la femme entretenue, la femme galante, la femme à parties sont autant de degrés qui conduisent à la prostituée. Avec l'âge la pente du vice devient plus rapide, et les événements jettent toutes ces femmes, malgré elles, au fond du gouffre, c'est-à-dire au mauvais lieu.

V

A Paris, lorsque vient le soir, sortent de maisons suspectes et mal en vue des manières de femmes follement parées.

Elles ont renoncé aux demi-teintes et en quelque sorte au clair-obscur du vice, pour en suivre ouvertement le grand jour. On les voit s'étaler effrontément et les épaules nues devant une porte, battre le trottoir à la lumière du gaz, ou, par les temps de pluie, courir en toilette de bal fanée sur le pavé des rues, aux yeux de toute la foule qui passe, ricane et les insulte : ce sont les prostituées.

La plupart de ces femmes à demi-sauvages sortent d'allées sombres, humides et dévorantes qui s'ouvent profondément dans les ténèbres comme des gueules de louve : *lupanar*.

Ces habitations infâmes se nomment en langue officielle *maisons de tolérance* : on les reconnaît extérieurement à plusieurs signes ; les fenêtres voilées de doubles rideaux indiquent par leur mystère des maisons honteuses où se passent des choses sans nom. Dans les quartiers pauvres il y a au rez-de-chaussée une sorte de boutique à verres dépolis où se tiennent les filles en attendant la pratique. Elles charment la soirée par des jeux de cartes, par des chansons, par des lectures, jusqu'à ce que *leur tour* vienne.

L'intérieur de la maison varie suivant les maisons et les quartiers, le luxe ou la misère y règne alternativement; mais, en général, les murs, les escaliers, les chambres ont, comme celles qui les habitent, un air de propreté sale, de fraîcheur reblanchie et récrépite. En hiver, un feu morne à demi enterré dans la cendre éclaire avec une lampe ou une chandelle grésillante ces sortes de cellules. On y trouve ordinairement pour meubles un lit, quelques fauteuils, une table et des gravures dans des cadres dédorés, toutes plus ou moins licencieuses, de ces gravures, en un mot, qu'on ne voit point en d'autres endroits.

Ces établissements sont tenus par une maîtresse qui relève elle-même de la police et du bureau des mœurs. Elle a demandé à M. le préfet l'autorisation d'ouvrir une maison, se fondant sur ce que celles qui existent ne suffisent point à la consommation du quartier. Comme cette demande était rédigée en termes *convenables* et que la postulante y vantait elle-même *sa moralité*, on a jugé à propos d'y satisfaire. Investie de ce droit, elle a songé tout d'abord à meubler sa maison de lits, de chaises et de filles. Tout cela a été acheté de hasard et à bon marché : les chaises et les lits au Temple, les filles ailleurs.

Le commerce des filles se fait volontiers par courtage. On a pour cet usage des vieilles qui courent la ville et la province, faisant le métier de maquignons. Elles attirent les jeunes filles errantes et affamées, toutes celles à qui la maison paternelle est dure, le travail des champs insupportable, la virginité pénible ou endommagée; elles font luire à leurs yeux des espérances dorées et menteuses. Aux filles sans pain et sans gite elles vantent les avantages du luxe et l'abondance; aux coquettes elles montrent des rubans, des chiffons et du similor; devant les vertus déjà compromises elles exagèrent l'intolérance du monde: pauvres brebis égarées auxquelles on promet, si elles veulent se perdre tout à fait, le ciel bleu, l'eau pure, l'herbe verte, et qu'on enferme ensuite dans une horrible étable!

En effet, aucune des conditions stipulées dans le marché ne se trouve maintenue à leur arrivée. On leur avait promis l'abondance, et il n'y a pas de dénuement au monde égal à celui de la prostituée. Le mendiant a ses haillons, le sauvage a sa hutte, l'esclave a ses chaînes, la fille n'a rien : la chemise qui la couvre lui est prêtée sur gage. Tous les vêtements des prostituées passent de l'une à l'autre au gré de la maîtresse, qui en reste seule propriétaire. On lui avait promis la liberté, et la fille publique est la dernière trace de l'esclavage dans les sociétés modernes.

La *dame de maison* achète, troque, loue, dépouille, met au rebut, selon son caprice, cette pauvre marchandise humaine : moyennant un morceau de pain et un haillon prêté, elle a conquis sur ses *ouvrières* un droit tout à fait illimité. Les coups, les injures, les mauvais traitements viennent d'ailleurs ici au secours du droit en lui prêtant une vigueur très-frappante *. Le seul argent que puisse acquérir une fille consiste dans le don personnel et en quelque sorte dans le *pour-boire* que lui font les hommes, absolument le pécule des esclaves. Encore cet argent est-il dévoré par la coquetterie de ces malheureuses, qui se divertissent généralement aux rubans, aux fleurs, aux perles fausses et à mille autres bagatelles que l'avarice des maîtresses de maison leur refuse, quoique ces dépenses entrent évidemment dans les frais du métier, puisque la toilette est un des moyens de plaire.

* Les pauvres prostituées sans gages travaillent en effet à la fortune de la *dame de maison* (c'est le nom qu'on donne à une sorte de mégère hideuse et féroce), qui leur rend largement en cris, en injures, en voies de fait le gain de chaque jour. Plusieurs ont été transportées ainsi à l'hôpital, toutes noires de meurtrissures et de coups d'ongle.

Quand l'une de ces esclaves attire et *fait beaucoup de monde*, la dame dit qu'elle *travaille bien*, mais ne lui donne pour cela ni gages ni profit. Si la besogne presse on envoie quérir des travailleuses dans un bouge voisin. Une maison prête ainsi ses filles à une autre maison, comme une ferme ses troupeaux ou ses bêtes de somme. La servitude, avec toutes ses formes les plus hideuses, s'est réfugiée dans ces établissements : servitude complète, servitude de l'âme et du corps, du jour et de la nuit ; car le soir, qui appelle toutes les autres créatures au repos, retient la prostituée à l'ouvrage.

Plusieurs de ces dames de maison ont tué leurs filles en voulant les faire avorter : elles nomment cela *mourir au service*.

On voit déjà que nos législateurs, tout en réclamant à si haute voix les droits de l'homme, ont complétement oublié ceux de la femme. Au reste, il devait en être ainsi : comme jusqu'ici les révolutions ont procédé chez nous par la force, il nous semble naturel que le sexe le plus faible et le plus débile soit resté en arrière dans l'ordre de l'affranchissement.

A ceux qui nous reprocheraient d'avoir exagéré tant soit peu la domination de la maîtresse de maison sur ses esclaves nous répondrions par ces lignes de M. Parent lui-même : « Ces infortu-« nées, renfermées dans les maisons pu-« bliques, sont obligées de s'abandonner « au premier venu qui les réclame, fût-il « couvert des plus dégoûtants ulcères : il « n'y a pas à reculer si elles veulent évi-« ter les coups et les plus affreux traite-« ments! Les dames de maison ne leur « donnent pas de repos ; car, pour me « servir d'une comparaison qu'ont sou-

« vent employée devant moi les inspec-
« teurs de l'administration, le charretier
« le plus grossier et l'entrepreneur de
« roulage le plus rapace ménagent plus
« les chevaux qui ne leur appartiennent
« pas que des dames de maison ne mé-
« nagent les femmes dont elles se servent
« pour arriver à la fortnne. »

On est saisi à cette lecture du profond sentiment de notre inconséquence. Oui, nous sommes des enfants étourdis, Français qui portons à dix-huit cent lieues de nous notre compassion et notre intérêt sur des esclaves noirs, tandis que nous avons dans nos murs, devant nos yeux, des esclaves bien autrement à plaindre et dont nous ne nous soucions aucunement. Jamais cependant, aux colonies, un maître n'exerca sur ses négresses une tyrannie aussi féroce, aussi révoltante. Il semble, en vérité, que nous ne soyons bons qu'à nous attendrir sur des maux à distance, et le plus souvent sur des maux imaginaires. Ceci tient à l'esprit de controverse introduit depuis tantôt quinze ans dans les affaires politiques; esprit querelleur, dissentieux et bavard qui éloigne les questions directes pour se jeter dans les détours de la chicane.

Or, pendant que ces messieurs dissertent, le peuple souffre, l'homme vole, la fille se vend!

Nous venons de lire un écrit de M. de La Mennais qui a pour titre *De l'Esclavage moderne*.

Nous avons été surpris de ne pas y trouver un mot sur les filles publiques, ces dernières traces vivantes de l'esclavage dans les sociétés modernes. « L'esclave, dit-il, vendable, achetable, était, « comme le cheval, la propriété du maître, dépendait de ses volontés, n'en « pouvait lui-même avoir aucune, pur « instrument, pure chose, privé qu'il « était, selon le droit admis alors uni- « versellement de personnalité et de nom : « d'où, jusqu'à notre temps, l'expression « d'homme *sans nom*, vestige, après tant « de siècles, reconnaissable encore de « l'esclavage antique. »

Or tous ces caractères de l'esclavage s'appliquent justement à la prostituée vendable et achetable, propriété de la maison de tolérance, pure instrument de sa maîtresse, pure *chose*, fille *sans nom!*

Mais notre surprise a cessé quand nous nous sommes souvenus que M. de La Mennais était prêtre.

Cette vaste intelligence, rétrécie malgré elle par un reste de puritanisme chrétien, supprime de sa politique toute une partie de la société, et la partie peut-être la plus digne d'intérêt, puisqu'elle joint la faiblesse au malheur.

❧

On s'est évertué dans ces derniers temps à découvrir la cause de la prostitution, et il devient de plus en plus évident que ce mal prend sa source dans la misère : *Indè mali labes.*

La prostitution va recrutant ses victimes dans les classes pauvres. C'est à la portion la plus souffrante de l'humanité que s'attaque encore le plus terrible des fléaux. Dans ce monde les maux vont toujours trouver les malheureux. Il est triste de voir des familles dénuées de tout, sans bien au soleil, sans meubles, et pour ainsi dire sans gite, des indigents qu'aucune taxe, aucune imposition ne sauraient atteindre puisqu'ils ne possèdent rien, payer pour tribut à l'État la dîme de leurs filles !

La plupart des prostituées ont été poussées au mal par la nécessité. Elles sortent de familles obscures et mendiantes qui leur ont dit un jour : « Fille, voilà que « tu vas avoir 16 ans, tu es assez grande « pour gagner ton pain : va-t'en. » Et elles s'en sont allées Dieu sait où !

Il n'est pas rare non plus qu'une jeune femme voyant son enfant malade, son mari sans ouvrage, sa vieille mère infirme, fasse de son corps une sorte de monnaie courante qui, entre les mains de la foule, rapporte de quoi vivre au logis.

Au rapport de M. Parent Duchatelet, une fille qui vint se faire inscrire sur le registre de la police n'avait pas mangé depuis plus de trois jours. En sorte que, pour désarmer tous vos beaux discours, messieurs les critiques et les moralistes, cette pauvre créature qui passe dans la rue, couverte de boue, de baisers et de crachats, l'impudeur au front, le remords au cœur, le rire aux lèvres, n'aurait qu'à vous opposer ces mots : J'ai eu faim!

Sur douze mille cinq cent cinquante inscrites de 1816 à 1833, deux mille quarante-trois filles ne comptaient pas encore 18 ans. Leur misère était si grande que quelques-unes n'avaient ni chemise, ni bas, ni souliers. Après avoir déposé au Mont-de-Piété leurs robes et leurs effets, elles venaient engager à la maison de tolérance le dernier vêtement que la faim leur avait laissé : la pudeur!

Nous rencontrons ici un fait alarmant, c'est que les travaux de l'aiguille, qui sont presque les seuls travaux de la femme, ne suffisent point à la nourrir. La couturière gagne, au plus, 18 ou 20 sous par jour; il lui faut là-dessus payer sa chambre, s'entretenir et vivre; elle est donc sans cesse, surtout quand la maladie s'en mêle, menacée par le besoin. Force lui devient alors, si elle est jeune et gentille, d'y ajouter de nuit un autre travail. C'est cette besogne-là qui, de chute en chute, la conduit tôt ou tard jusqu'au mauvais lieu. Presque toutes étaient, en effet, lingères, modistes, couturières, brodeuses et entretenues, lorsqu'un jour de janvier, le feu, l'argent et le *galant*, comme elles disent, venant brusquement à les abandonner, elles se sont vendues, au coin de la borne, à cet autre amant anonyme, multiple, inassouvi, qui est l'homme en général : celui-là veut des baisers sans fin et des jouissances sans relâche ; il est brutal, grossier, féroce, immonde, mais du moins il prend tout ce qu'on lui donne et paie comptant. C'est pour lui qu'un jour de faim et de froid ces pauvres ouvrières vendent à une maîtresse de maison, et pour une nourriture grossière, leur droit de femmes libres, comme Esaü son droit d'aînesse pour un plat de lentilles.

Heureuses encore quand la maison de tolérance les reçoit. On frémit à penser qu'il y a aux barrières de Paris des femmes errantes et sans ouvrage qui se livrent pour 2 sous ou pour un morceau de pain de munition. Le soldat y ajoute bien quelquefois 1 sou de matelas, mais c'est du luxe.

On a vu de ces malheureuses se faire ramasser exprès par la police ou venir frapper elles-mêmes, à demi-mortes de faim, à la porte du Dépôt, criant qu'elles exerçaient le métier sans autorisation, et offrant, pour preuve, de se prostituer devant tout le monde au premier venu. Le Dépôt au moins est un toit. L'hiver, quand la neige tombe, quand la bise souffle, quand l'argent manque, la prison leur donne plus ou moins de la paille, un abri et du pain : la prison est le seul endroit où ces malheureuses puissent reposer leur tête ; car, maigres, laides, exténuées, mal vêtues, livides, elles tentent peu les passants : le mauvais lieu lui-même, qui n'est pourtant guère difficile, n'en veut pas.

Plusieurs filles de trente deux-ans avaient été ainsi ramassées quinze, vingt, trente, quarante fois, et toujours parce que l'ouvrage de l'aiguille ou les forces leur manquaient. . . . . . .

Un quart de ces malheureuses appartient à la classe des enfants naturels. Trente-quatre filles, dans une même année, n'ont pu indiquer au bureau des mœurs, ni le lieu où elles sont nées, ni leur père, ni leur mère, ni leur âge, ni même leur nom. Le ruisseau baptisa ces créatures anonymes et infortunées que l'église, leurs parents et le monde avaient rejetées d'une façon si barbare. Pauvres enfants du vice qui retournaient au vice, faute d'avoir trouvé dans notre societé un toit et une famille!

Deux grands chemins mènent au mauvais lieu : la misère et l'ignorance.

La plupart des filles publiques ne

savent ni lire ni écrire ; elles font une croix sur le registre où la police inscrit leur nom de famille. C'est le signe en effet qu'il convient de tracer sur le nom de ces malheureuses, mortes désormais à l'honneur, à l'amour et à la société : on met une croix sur la pierre des trépassés.

Parmi les filles inscrites depuis 1816 M. Parent n'en cite qu'environ vingt-trois qui aient eu des états ou des talents un peu remarquables : seize étaient actrices, six donnaient des leçons de harpe et de piano, une peignait très-bien le paysage, mais encore avaient-elles été toutes saisies à l'improviste par le besoin : la faim, cette grande entremetteuse, était venue un jour frapper à leur porte, et elles lui avaient ouvert.

Chez quelques-unes l'ignorance va au-delà de tout ce qu'on se figure : il y en a qui ne savent pas même parler. Ces malheureuses, condamnées par l'absence de toute éducation à une sorte d'idiotisme et d'abrutissement, n'ont pu trouver de maisons où se placer comme domestiques. Elle se sont faites alors les servantes des besoins les plus grossiers et les plus avilissants.

On voit que jusqu'ici c'est la société qui est coupable.

Il y en a d'autres que des défauts et des oublis de la nature condamnent à cette honte. On rencontre dans les maisons de tolérance des filles que la faiblesse de leur vue, le peu d'habileté de leurs doigts et l'indolence de leur caractère rendent incapables de tout autre travail ; ces malheureuses se sont trouvées malgré elles réduites à choisir entre l'homme et la mort. — Elles ont mieux aimé l'homme.

Enfin, il faut s'avouer une vérité triste et farouche, c'est que plusieurs de ces filles ont hérité de leurs parents des goûts de crapule, de libertinage, d'ivrognerie et de débauche qui les font repousser du monde. Conçues au milieu de l'orgie, la plupart ont la prostitution dans le sang.

Celles-là conservent pour le métier des penchants de famille qu'il leur est très-difficile de dompter : à la première attaque un peu sérieuse elles cèdent, et il suffit presque toujours d'une vieille un peu habile pour les *embaucher* dans le mal. Il y a une loi terrible, écrite quelque part dans la Bible et confirmée par l'expérience, que les enfants apportent dans leurs organes, en venant au monde, les traces du vice de leurs parents.

On connaît encore la mobilité du caractère des femmes qui les pousse souvent à leur perte par des coups de tête et des accès de désespoir. Combien de vertus, jusque-là intactes et toutes blanches, se sont, après une première faute, laissées engloutir dans ces allées boueuses dont nous parlions tout à l'heure, vraies gueules de monstre ouvertes et dévorantes qui saisissent leur proie au passage! Le mauvais lieu, en effet, est comme le minotaure : il veut des jeunes filles. Il les prend à cet âge où, ignorante du monde, désœuvrée, folle, capricieuse, l'adolescente n'a guère d'autre industrie que celle de sa fraîcheur ou de sa beauté.

Quelques-unes s'y engloutissent précipitamment après une première faute et une grossesse, par suite de la rigueur outrée de leurs parents, devant qui elles n'oseraient plus se remontrer. Il y a encore de nos jours des vertus brutales et farouches qui ressemblent fort à de grands vices. Il n'est pas rare de trouver des bourgeois qui, pour mériter de faire mettre sur leur épitaphe le titre de *bon père et de bon époux*, se croient obligés de battre à coups de bâton leur fille si elle oublie un instant ses devoirs par amour.

Un autre défaut qui perd encore les jeunes filles, c'est l'oisiveté et la paresse. Il faut l'avouer, la femme n'est point faite pour le labeur ; sa constitution faible et délicate s'y refuse. Si quelques-unes s'y livrent, c'est par nécessité et après un violent effort sur elles-mêmes. Dieu, selon la Bible, après la faute de nos premiers parents et leur renvoi du paradis terrestre, condamna, pour les punir, la femme à l'enfantement et l'homme au travail. Ce récit contient à nos yeux un grand enseignement. Les soins de la maternité sont en effet les seuls travaux naturels à la femme. Les autres la déforment, la fatiguent et lui répugnent d'autant qu'elle a plus le sentiment de son sexe. Il est rare que des mains jeunes, blanches et bien faites se compromettent volontiers à des besognes de lessive, de cuisine, de lavage de vaisselle et même de couture. Les peuples de l'Orient ont tous compris cette vérité, eux qui ne se servent guère des femmes que comme de joyaux précieux et inutiles. Or ces goûts d'oisiveté acquièrent dans certaines jeunes filles une force telle qu'il est presque impossible de les dompter. Toute tâche imposée les ennuie, les dégoûte, les rend malades. Quand cette paresse s'attaque à des jeunes personnes riches et de maison, ce n'est pas un grand mal, la mère en est quitte pour gronder doucement et sans effet son héritière; mais, lorsque ce dégoût du travail tombe sur des filles pauvres qui n'ont que leurs doigts pour vivre, il arrive que ces malheureuses vont ramasser quelque part dans la fange un morceau de pain souillé et amer qu'elles sont incapables de gagner.

Il y a dans chaque maison de tolérance une ou deux filles qui avouent avoir été amenées à cet état par une horreur innée du travail des mains et par une nonchalance insurmontable. Plusieurs ont essayé de la couture et du service, mais elles n'y ont pas tenu. Elles ne s'excusent ni ne s'aveuglent elles-mêmes sur leur ignominie; seulement elles prétendent ne pas être bonnes à un *autre métier*.

Enfin, quand on pense que la plupart de ces filles sont encore entraînées au mauvais lieu par un des sentiments les plus nobles et les plus touchants, le cœur se serre, la pensée devient sombre et le reproche expire sur les lèvres. Presque toutes ont été d'abord victimes d'un premier amour mal placé. Une fois perdues d'honneur aux yeux du monde et à leurs propres yeux, abandonnées ensuite de celui qn'elles aimaient, elles ont loué à d'autres ce qu'elles lui donnaient gratuitement et de tout cœur. De ce jour elles ont toujours été descendant d'affront en affront, d'homme en homme. Elles se maintiennent encore quelque temps à l'état de courtisane, de maîtresse, de femme galante, de moins encore; elles cotoient ainsi l'abîme, c'est-à-dire la *maison de tolérance*, sur un chemin glissant et plein de ronces, jusqu'au jour où les dettes, la faim, l'âge, les y poussant, elles tombent.

Les suites de l'amour sont d'ailleurs bien plus funestes dans les classes pauvres, il faut l'avouer, que dans les classes riches. Une jeune personne de bonne famille trouve toujours après une faute à se faire épouser de son séducteur pour son nom et sa fortune. Mais, une fois déshonorée, la fille du peuple a perdu la seule dot qu'elle avait reçue en naissant. Il ne lui reste plus qu'à servir sous le nom de *maîtresse* aux plaisirs d'un homme qui la paie, la méprise et la bat. Le peu qui lui reste d'innocence de jeunesse, de fraîcheur et de beauté se flétrit dans la débauche ou dans les larmes; elle n'est bientôt plus bonne qu'à faire une fille des rues. Il suffit donc souvent, pour l'entraîner si bas, d'un premier regard indiscret, d'une première parole entendue avec complaisance et en souriant, d'une première caresse tolérée, toutes choses que les femmes du monde se permettent souvent et sans conséquence. Cessez donc ce dédain et ces lapidations envers de pauvres filles. Que celles d'entre vous seulement qui se trouvent sans péché et sans aucune de ces faiblesses leur jettent la première pierre. Nous croyons qu'elles se retireront alors intactes et sans blessures, comme la femme adultère de l'Évangile.

Toutefois, la vraie cause de la prostitution n'est encore, selon nous, ni la misère, ni le désœuvrement, ni l'ignorance, ni l'incapacité, ni l'amour : c'est l'homme. Qu'il n'y ait pas des hommes qui achètent, il n'y aura pas de femmes qui se vendent.

O vous qui passez devant la fille des

rues avec le rire et le mépris aux lèvres, vous êtes injustes : vous essuyez chaque jour sur ces pauvres créatures tout ce que vous avez de fange, d'écume, de bave à l'âme, et vous ne voudriez pas ensuite les voir souillées! La fille a le sentiment de cette vérité; elle connaît les auteurs de sa dégradation, elle en veut aux hommes. Il y a de la haine, de la colère et du reproche dans le regard lassif qu'elle tend, comme une toile d'araignée, le soir, au coin des rues, pour y prendre sa proie au passage.

Le mépris retourne ici à ceux qui ont fait la fille ce qu'elle est.

Nous avons vu par quels chemins la fille était poussée au mauvais lieu : raconons maintenant ce qui l'attend à son entrée. Après avoir été enregistrée à la police comme les voleurs et les forçats, elle s'engage dans une *maison de tolérance*. Si vous voulez savoir ce qu'est cette maison si doucement nommée, je vous dirai que c'est un endroit infect qui a l'odeur du vice, un repaire ténébreux, profond, irréparable; une fois entrée là, il lui faut dire adieu au ciel, à la liberté, à l'honneur et au monde. On pourrait écrire au-dessus de la porte de ces maisons borgnes et fuligineuses, qui s'ouvrent comme des soupiraux de l'enfer, ces mots si fameux : « Laissez toute espérance, vous qui « entrez! *Lasciate ogni speranza voi che* « *intrate!* »

L'abjection, l'abrutissement, l'ivrognerie, la paresse, la prodigalité, la honte ont dès-lors sur ces pauvres damnées plus de replis et de retours que jamais le Styx inexorable.

Le mauvais lieu a, en effet, son caractère, son parler, ses goûts, ses habitudes, dont les filles ne peuvent plus guère ensuite se défaire pour rentrer dans le monde. Elles ont beau vouloir après cela se laver, la fange tient désormais à leurs mains comme le sang à celles de Pilate.

Leur beauté même, ce grand don de la nature et ce seul moyen qui leur reste encore de reconquérir dans le monde une position, s'éteint en fort peu de temps sous une débauche fréquente et obligée.

La fille vieillit avant l'âge. Les yeux les plus vifs s'allanguissent en quelques mois et deviennent humides, les traits les mieux formés se décomposent ; une atmosphère propre aux maisons de tolérance enfume et ternit les teints les plus frais :

on dirait de jeunes et beaux tableaux exposés au mauvais air.

Les malheureuses semblent elles-mêmes ne plus avoir grand goût à cultiver un corps qui ne leur appartient plus ; et puis la maison de tolérance a ses habitudes de malpropreté et de nonchaloir qui gagnent toutes celles qui y entrent. Alitées la plus grande moitié du jour, elles ne donnent à leur toilette que les soins réclamés par leur état, soins grossiers auxquels les filles ne tardent pas à mettre peu d'orgueil et peu de cœur. La coquetterie n'existe bientôt plus chez la prostituée. Quand on lui en demande la cause, elle vous répond avec un mouvement de tête amer : A quoi bon !

Avant de se faire inscrire au bureau des mœurs, celle qui se dévoue au métier s'est déjà proposée d'ordinaire devant une maîtresse de maison. Elle a subi sur les lieux une première visite attentive et sans voile, afin de *faire voir ses avantages*.

Il va sans dire que la *dame* se montre plus ou moins difficile, selon les quartiers, les maisons et les temps. Il y a tels établissements qui prennent le rebut des autres, tandis que d'autres veulent à peine de filles qui sembleraient dans le monde très-convenables. Ce qu'il y a de rougeur, de confusion et de dépit dans cette première expérience peut tout au plus se deviner. Nous supprimerons, au reste, ces détails préalables, pour supposer enfin l'inconnue louée, installée et vêtue dans la maison de tolérance.

A son entrée la fille est toujours un peu novice. Une vieille, dont nous n'osons par respect pour le lecteur prononcer ici le vrai nom, se charge de l'instruire. Cette éducation de la fille consiste dans les mille moyens plus ou moins victorieux d'attirer l'homme. Ces moyens varient suivant les quartiers. Du côté de la Bourse, de la Chaussée-d'Antin et du boulevard de Gand, la prostituée doit se promener seule sur le trottoir, en tirant légèrement de l'œil et à propos; du côté du Palais-Royal, des rues Saint-Honoré, Montmartre, Richelieu et Saint-Denis, parler doucement à l'oreille; dans le quartier latin, tutoyer et nommer hautement les choses par leur nom; enfin, dans la Cité, dans la rue de la Mortellerie et ailleurs, il lui faut raccrocher bravement, prendre les bras rebelles, et tirer de force à elles les passants; quitte à recevoir des soufflets ou de gros coups de poing bourrus dans la poitrine.

La journée d'une fille, à part le travail que l'on sait, se passe, comme nous l'avons déjà dit, à ne rien faire. Elle se lève vers onze heures ou midi, pour le déjeuner qu'on sonne. Chacune descend de sa chambre, en papillottes, en blouse et en pantoufles. Après le déjeuner, qui varie suivant les maisons, les filles remontent dans leur chambre ou restent à causer entre elles. Quelques-unes, en petit nombre, s'amusent à lire. Vers quatre heures, elles se font coiffer et s'habillent pour le soir. Elles dînent, suivant la saison, de trois à cinq heures.

Après le dîner commence la grande besogne. Celle-ci dure jusqu'à onze heures et demie du soir et se prolonge pour quelques-unes toute la nuit. Les autres rentrent à minuit, fatiguées, assouvies, moroses, avec toute sorte de haine et de dégoût, dans leur couche déjà plusieurs fois défaite et souillée. Oui, nous ne saurions trop le redire, la fille de joie souffre. Cette foule solitaire et brutale qui la traverse chaque soir lui dépose au cœur un vide immense. Quand elle se trouve ensuite seule en présence d'elle-même, l'abandon, l'ennui, l'abattement, le remords lui ôtent le peu de forces que la débauche lui avait laissées; elle ferme la paupière et s'endort pesamment sur ses maux.

L'état moral des prostituées est ce qu'il y a de plus triste et de plus saignant au monde. Il n'y a pas une seule de ces malheureuses, si cuirassée qu'elle soit par l'habitude du métier, qui ne sente vivement au cœur l'aiguillon des injures auxquelles nous les voyons continuellement en butte sur le pavé des rues. On en cite qui devinrent folles pour avoir été reconnues dans cet état par quelques anciens habitants de leur pays. Sur cent cinq filles aliénées, trente-six furent entraînées à la folie par des chagrins cuisants et par des humiliations sans fin. Si vous en voyez quelques-unes affecter l'insolence, le cynisme et l'ironie, à qui la faute ? ces malheureuses, attaquées tout à l'entour par le sarcasme et l'offense, opposent à l'outrage un front d'airain, repoussent la honte par l'orgueil, et sur leur cœur qui saigne, sur leurs lèvres mordues étalent un rire sinistre. Il faut bien d'ailleurs qu'elle rie la fille de joie ! c'est son métier.

Les prostituées trouvent encore en elles-mêmes une source de tourments inépuisables. Toutes ont à la place du cœur une plaie qui saigne. Ce besoin d'amour qu'une volupté grossière, brutale et désordonnée n'a pu satisfaire, rend la fille vague et errante. Elle ne peut guère se tenir plus de deux ou trois mois dans la même maison. La marche est un de ses besoins. On la voit flotter souvent dans Paris, agitée, sombre et inquiète, cherchant un nouveau mauvais gite. On dirait, dans ces moments-là, une pauvre âme damnée. Elle va d'un quartier dans un autre. Tous les ruisseaux la connaissent, toutes les bornes l'ont heurtée, tous les murs des maisons de Paris savent son ombre. Elle semble vouloir se fuir elle-même. Oh! qu'elle doit alors arrêter un regard envieux et triste sur ces fenêtres si pauvres qu'elles soient où il y a de la lumière, du feu et une famille! « Là, du « moins, se dit-elle, est le repos! »

Le cœur des filles se lamente, mais l'on n'y croit pas. La malheureuse, honnie, battue, clouée en croix, altérée d'amour, a beau crier aux hommes : J'ai soif! *sitio!* les hommes passent, remuent la tête avec des rires, et, lui présentant encore l'éponge toute trempée de l'eau du ruisseau, lui répondent : Bois !

La fille souffre du mépris ; elle souffre du plaisir des autres ; elle souffre de l'amour ; elle souffre encore, surtout du dénuement et de l'abandon. Plus de famille pour cette pauvre enfant proscrite et rejetée du monde.

Les vêtements qu'elle porte sont à la maison de tolérance ; son corps est à tout le monde ; son âme est à Satan.

Aussi les filles s'étonnent que le jour luise encore pour elles.

L'une d'elles, raconte M. Parent, étendue sur son lit à l'hôpital, une belle journée d'été, s'écriait : « *Que Dieu est* « *bon de faire briller sur nous son soleil!* »

Ces proscrites, habituées à ne tenir aucune place dans la société et à n'avoir part à rien, se sentent émues devant ce foyer commun, devant ce père universel et libéral qui se lève, chaque matin, sur tous ses enfants, et ne connaît dans le monde ni serfs, ni parias, ni filles publiques.

Les prostituées aiment surtout trois choses au monde : le soleil, les fleurs et leurs cheveux. On les voit donner à l'achat des bouquets un argent considérable ; ces pauvres femmes déflorées et flétries aiment à retrouver dans les lys, les fleurs d'oranger et les paquerettes un peu de leur ancienne blancheur ; à défaut de leur parfum de vertu évanoui, elles aiment à respirer en quelque sorte la virginité de la fleur, comme elles se plaisent à s'entourer, quand elles le peuvent, de l'innocence des petits enfants.

Quant à leur chevelure, elles en ont pour la plupart un soin religieux. Celles mêmes qui ont fait depuis longtemps le sacrifice de tout le reste tiennent à cet ornement naturel comme au seul à peu près que l'homme ne leur ait pas souillé.

Quelques-unes de ces Madelaines d'amour les conservent encore avec dévotion pour en couvrir, un jour, les pieds de Jésus-Christ.

Le sentiment religieux n'est jamais éteint chez la prostituée. Il reparaît, au contraire, et sans cesse, sous mille formes diverses. On la voit faire le signe de la croix devant un enterrement qui passe, rattacher, le jour de Pâques fleuri, un rameau béni à sa ceinture, payer des messes afin que son amant ne tombe pas à la conscription, porter sur elles une petite médaille en argent, ou allumer des cierges autour de Notre-Dame-de-Bon-Secours pour guérir un enfant malade. M. Parent en cite une qui refusa un rendez-vous dans une église. Il paraît, au reste, que ce sentiment religieux n'abandonne à aucun temps les filles de mauvaise vie. A Rome elles fréquentaient immodérément les temples. Nous remarquerons, en outre, que, des trois seules femmes avec lesquelles Jésus-Christ entre en conversation dans l'Évangile, deux étaient des filles folles qui avait fait ou faisaient encore commerce de leurs corps, Marie-Madelaine et la Samaritaine, la troisième était adultère.

La fille publique a, comme on le voit, de bons côtés par lesquels elle est tout près de remonter à la vertu; il suffirait pour cela de lui tendre la main au lieu de la repousser, comme on le fait, avec orgueil et avec dégoût. Ces pauvres orphelines auxquelles la société est si dure et si marâtre ne demanderaient pas mieux, pour la plupart, que d'y rentrer, et elles y rentrent en effet, à notre insu, toutes les fois qu'un généreux sentiment les saisit au cœur. Ce sentiment est celui de la maternité. Une fille-mère devient à l'instant même, à ses propres yeux et aux yeux de ses compagnes, une femme grave, sérieuse et presque honnête. Les travaux de la grossesse, qui affligent souvent les autres mères, la réjouissent et lui inspirent un noble orgueil. Il lui semble qu'elle rentre dans ses droits et dans la société en rentrant dans les lois de la nature. Ses couches se font à l'hôpital avec toute sorte de dévotion, de courage et d'allégresse. Le nouveau-né la blanchit de son innocence, de sa candeur, de son sourire, de ses caresses. Voilà donc enfin un petit être au monde qui ne la méprise ni ne la souille! quelle joie! Pour redevenir bonne, patiente, oublieuse de l'injure et des hommes, la fille n'a qu'à regarder son enfant. A ses yeux tout est là. Cet enfant représente par ses larmes le repentir qu'elle n'a pas encore et l'innocence qu'elle n'a plus. Cet enfant est sa foi, son honneur, son bon ange, son salut, et il lui semble que Dieu lui-même n'oserait pas la damner si elle se présentait à lui ce petit Jésus entre ses bras.

Un autre sentiment qui restaure aussi par moments la prostituée, c'est l'amour. Si souillée qu'elle soit, si fréquentée par la foule, si déflorée à la surface par ce travail banal et ce commerce de chaque nuit, elle conserve au fond du cœur un besoin d'affection : la fille aime un homme à travers tous les autres hommes. A celui-là un reste de jeunesse, de volupté et de pudeur; à celui-là les baisers soudains, les caresses gratuites; à celui-là des virginités folles et singulières que la fille invente exprès pour lui et qu'elle défend contre tout autre. Les prostituées choisissent leurs amants, selon qu'elles peuvent, parmi des étudiants, des commis, des garçons de boutique, des ouvriers. Malheureusement il arrive souvent que cet amour, le plus noble sentiment qui élève le cœur de la fille de joie après celui de la maternité, se place mal et tombe sur des êtres aussi dégradés qu'elle-même. La faute en est encore, on va le voir, à notre société, qui bannit de son sein la femme de mauvaise vie et la vomit en quelque sorte avec dégoût comme un aliment malsain au lieu de chercher à se l'acquérir d'abord pour la régénérer ensuite.

En dehors de l'État vit une classe d'hommes en guerre permanente avec la propriété. Or, il n'est pas rare que ces deux exceptions, la prostituée et le voleur, venant à se rencontrer, s'unissent désespérément l'une à l'autre, la sœur au frère, la proscrite au proscrit. Ce qu'il y a de singulier en ceci, c'est que l'amour, si bas qu'il se pose, élève, purifie, transforme. Le voleur devient à certains instants tendre, passionné, rêveur et presque touchant devant la fille de joie, et la fille de joie devient sublime devant le voleur.

Nous en avons eu dernièrement devant les yeux un exemple frappant dans une affaire de justice au fond de laquelle il y avait deux assassins, une jeune fille en deuil et un cadavre*.

* Affaire de l'assassinat de Mme Renaud, où figuraient Micaud et la fille Alliette.

Un voleur aimait une prostituée, et cette prostituée l'a quitté : voilà son tourment, sa fièvre, la plaie de son cœur. La fille à tout le monde n'est plus à cet homme. Que va-t-il devenir? Il parcourra Paris comme un fou, il maigrira, il en perdra la tête, il essaiera de se tuer. L'amour se rencontre toujours avec les mêmes symptômes dans le cœur de l'homme et de la femme, à quelque dégradation qu'on les suppose descendus. Le voleur est jaloux comme Roméo, quoique sa Juliette soit une pauvre fille perdue, une prostituée inscrite au bureau des mœurs. Cet homme se montrera même plus beau, plus grand, plus dévoué dans sa passion que le Maure de Venise : il ne tuera pas sa maîtresse; il essaiera pour de bon, et à plusieurs reprises, de se tuer lui-même. — Ditesnous, chastes beautés du grand monde, combien il y a d'hommes qui ont manqué de se donner la mort pour l'amour de vous! qui se sont attachés le cou à un lacet, parce que votre joli cœur semblait se retirer d'eux!

Eh bien! une femme proscrite, conspuée, honnie est plus avancée que vous, mes belles colombes : elle a trouvé l'amant parfait, l'amant qui, tendre, soumis, suppliant, infatigable, finit par se tuer lui-même quand il n'a pu vaincre les rigueurs et les infidélités de sa maîtresse. Tenez, à votre place, je serais jalouse de cette fille.

L'amour est comme le ciel : plus on descend et plus il paraît bleu.

Ceci nous donne, au reste, le vrai secret de la régénération morale des prostituées. Voulez-vous réformer sérieusement toutes ces Madelaines échevelées qui courent le monde? voulez-vous purifier ces bouches où il n'y a maintenant que des paroles et des baisers venimeux? Touchez-leur les lèvres avec ce charbon ardent qu'on nomme *l'amour!*

Oui, l'amour transfigure ces êtres immondes et déplorables! l'amour retrouve une vertu sous le vice. On en a vu donner tout leur argent aux pauvres, cet argent si chèrement gagné, par la grande joie d'avoir trouvé un amant qui leur plaisait; d'autres renonçaient, pour lui être agréables, à l'ivrognerie, aux jurements, à la gloutonnerie et aux autres défauts du métier. Enfin la jalousie, chose étrange! les tient en amour comme les autres femmes, et même plus. On en a vu s'exténuer, maigrir, tomber en langueur et en démence *parce que leur amant leur avait fait des traits*. Elles lui reprochent hautement alors son inconstance en lui vantant leur fidélité.

Ces pauvres femmes, qui ont épousé le genre humain, trouvent ce mari-là trop banal : il leur faut un cœur à elles seules, un cœur où se répandre, il leur faut un soutien. Malheureusement le roseau où elles s'appuient ne tarde pas à les blesser : elles donnent de l'amour, et on leur rend le mépris, les coups, les soufflets. Plusieurs entrent ainsi à l'hôpital toutes saignantes ; une fois guéries elles courent de nouveau vers leur gracieux bien-aimé et lui demandent pardon, à deux genoux et à mains jointes, d'avoir été battues !

M. Parent Duchâtelet remarque, en outre, que les filles sont d'ordinaire d'une nature bonne, distinguée et puissante. Il leur faut, en effet, une force d'âme peu commune pour résister aux souffrances et aux ignominies qui les abreuvent. Ceci n'est pourtant pas général. Il y en a que l'habitude du vice fait tomber insensiblement en une sorte d'enfance, d'où leur vient sans doute le surnom de *filles folles* qu'on leur donnait au moyen âge : ce sont les têtes les plus faibles et les plus heureuses. Celles-là s'aperçoivent moins que les autres des horreurs de leur état : elles le prennent même en jouant.

La Chartreuse, *le Prado*, le bal *Montesquieu*, le cabaret les tient dans une sorte de vertige et d'étourdissement qui les empêche de voir clairement le fond de l'abîme.

Mais ce calme et cette enfance du vice

ne peuvent être de longue durée : la vieillesse vient vite pour la fille de joie, et avec elle un réveil horrible, positif et poignant. Le sort le plus commun aux prostituées, lorsqu'elles ne meurent pas dans le métier, est « de s'attacher à un vieil « ouvrier veuf ou célibataire ; elles pren« nent soin de cet homme, partagent ses « travaux, préparent ses aliments et pas« sent pour son épouse légitime. » Rien n'égale alors leur manière de vivre, qui tient à la fois du dévouement de la femme, de la soumission et de la fidélité du chien.

Les ouvriers auxquels s'attachent ces femmes sont, pour la plupart, des vidangeurs, des balayeurs, des récureurs d'égoûts ; une fange purifie l'autre.

Quand on songe que la plupart de ces malheureuses ont été jeunes et jolies, qu'il ne leur a manqué qu'un peu d'adresse dans leur temps pour s'établir, que quelques-unes ont été dérangées dans leurs projets de mariage par un fol amour toujours vénérable, on se tait et l'on se plaît à croire en une autre vie plus juste où Dieu tiendra compte des larmes comme des bonnes œuvres : souffrir c'est prier.

On voit par tout ceci que la prostituée vit à une école forte et sévère, celle du malheur.

Encore n'avons-nous pas mesuré cette échelle de maux qui prend à l'entrée dans le métier et se prolonge jusqu'à l'hôpital, échelle monstrueuse qui ne s'élève pas vers le ciel comme celle de Jacob, au contraire, mais dont chaque degré est une chute, qui commence à la courtisane et qui finit par la fille à soldats : dix degrés plus bas que l'enfer.

Dans les autres métiers la perspective qu'on a devant soi en y entrant c'est de monter ; ici c'est de descendre. Les prostituées jeunes, gentilles et de bonne mine débutent par les meilleures maisons; mais chaque année, chaque mois leur enlève un attrait et marque une ride. Le thermomètre descend ainsi en très-peu de temps jusqu'à *laideur*. La fille a suivi ce mouvement rapide, allant de maisons en maisons, d'affronts en affronts, de quartier en quartier, jusqu'à la borne de la rue Mouffetard ou à la barrière Saint-Jacques. Il faut pourtant avouer que cette règle ne s'étend point à toutes. Il en est de la beauté comme du talent, qui, pour se faire payer à sa valeur, a besoin quelquefois de temps et d'expérience. On en voit qui, parties de très-bas, montent à des étages supérieurs et vendent aux premières maisons les restes des plus mauvais bouges. Toutefois, ceci n'est qu'une élévation de peu de durée;

le moment de la chute vient toujours et vient à grands pas. Il leur faut alors quitter le *salon* pour courir dans la rue, courir par la pluie et par le froid, à demi-vêtues, courir sans cesse, comme la fille du *Cantique des cantiques*, après ce mari universel et perdu qui la repousse du coude. Oh! que la malheureuse doit être lasse au bout de cette course haletante et forcée qui dure dix ans ou au-delà! Après avoir partagé si longtemps une couche à deux et à tout le monde, elle sent enfin le besoin d'un lit à elle, froid, solitaire et chaste, pour s'y reposer : or ce lit de la fille c'est le cercueil.

Au reste, la fille n'arrive qu'à travers mille souffrances jusqu'à cette retraite.

Nous n'avons rien dit encore des maladies qui la rongent et qui en emportent chaque jour quelque lambeau. La perspective la plus sûre de la fille de joie c'est l'hôpital. Elle y entre sans murmurer. La maladie est presque sur toutes d'un effet austère ; quelques-unes cherchent à la conjurer par la prière et l'aumône. Si c'est la mort qui vient à elles, les prostituées la saluent gravement comme leur sœur. La mort se montre moins dure aux filles de joie qu'aux vierges et aux reines : elle ne leur emporte aucune couronne.

Presque toutes se jettent dans ses bras avec confiance ; elles ne manquent jamais alors d'appeler un prêtre. L'homme noir reçoit leur dernier souffle et leur dernier aveu. Cet aveu se réduit toujours à quelques mots : « J'ai aimé, j'ai eu faim, je me suis vendue. » Ceci fait, elle meurt. On jette sur son cadavre un peu de terre et d'oubli, *car la fille à tout le monde* n'est connue de personne; seulement le cimetière, moins injuste que la ville, la reçoit comme une autre dans son sein et la confond avec les pauvres dans la fosse commune.

L'hôpital lui-même, moins dur que la maison de tolérance qui lui avait prêté une chemise à gages et sur caution, lui fait libéralement l'aumône d'un linceul. La mort répare un peu toutes les choses humaines.

Six mois après il n'y a guère plus de différence entre le cadavre d'une duchesse tout rongé de vers et celui d'une fille à soldats. Voilà presque la seule égalité vraie, celle du commencement et de la fin. La vie n'a pour tous qu'une entrée et qu'une sortie, toujours la même, dit la Bible : *Omnibus introitus ad vitam et similis exitus.*

V

Nous avons cru devoir tracer en détail, à nos risques et périls, le tableau de la vie actuelle des prostituées, afin de mieux fixer l'état de la question. Jusqu'ici, comme on voit, la fille demeure un être perdu pour l'État : que dis-je ? un être dangereux, fétide, infortuné, une vipère sifflante et vénéneuse cachée dans les grandes herbes, mêlées de fleurs, qu'on nomme *les voluptés*. Eh bien ! à nos yeux, tout cela est un désordre, tout cela est un mal.

En voici maintenant le remède.

Le chemin qui mène au mauvais lieu est d'abord à rétrécir. Maintenant on dirait cette voie large, dilatée et patente dont parle la Bible, qui appelle à grands cris les générations ; il faut, non la fermer, ce qui ferait, comme nous l'avons dit, déborder ailleurs la foule des passions mauvaises, mais la resserrer. En un mot, il ne s'agit pas de supprimer les filles, mais d'en diminuer le nombre.

Pour cela les moyens sont simples et sortent des causes même du mal. Nous avons vu que la prostitution tenait à la misère, et la misère à l'ignorance : c'est ce premier mal qu'il faut atteindre et guérir. Apprenez aux jeunes filles des provinces * à lire, à écrire, à coudre : une école supprimera dix maisons de tolérance.

Ajoutez-y des établissements où la main-d'œuvre des femmes soit convenablement rétribuée. Nous l'avons dit, la couture ne suffit point dans l'état présent des choses à défrayer entièrement une ouvrière ; il lui faut malgré elle laisser dans ce travail ingrat, pénible, journalier,

* Les prostituées nous viennent presque toutes de la Normandie, de l'Alsace, de la Picardie, de la Champagne, de la Flandre, de la Vendée.

outre sa jeunesse, ses forces, sa fraicheur, ses yeux, sa santé, un peu de son honneur et de sa dignité de femme. Elle prendra un homme par isolement, par nécessité, par calcul : or il n'y a qu'un pas, nous l'avons vu, du concubinage à la prostitution.

Il existe encore un autre moyen. Si l'homme est la vraie cause de la prostitution, il en est aussi bien le remède. Il faudrait seulement pour cela rendre le mariage d'un abord plus facile et établir autour de la famille nombre d'institutions stables, robustes, généreuses qui en favoriseraient l'accroissement. Ce qui retient les jeunes gens de prendre une femme c'est leur peu de fortune, leur état chancelant et mal défini, leur position douteuse, la crainte de nombreux enfants : autrement, le mariage est un état naturel et raisonnable auquel tendent réciproquement les deux sexes. Un gain honnête, assuré, convenu, quelques garanties d'avenir données à la famille, la peur du lendemain retranché du cœur de l'homme et de la femme donneraient tout de suite à cette union légitime et sociale un grand développement. Or favoriser et étendre le mariage c'est restreindre et diminuer d'autant la prostitution; une femme établie de plus est une fille publique de moins.

Et puis, tout en arrêtant, quelques pages plus haut, sur la prostituée notre pitié et notre intérêt, nous n'ignorions pas qu'il y a au fond de ceci des maux encore plus saignants, des victimes plus dignes de notre attention. Oui, quoique le spectacle d'une fille perdue, étalée en plein air, louée au premier venu, soit triste, il y en a un autre plus triste encore : c'est celui de pauvres et beaux jeunes gens, étudiants pour la plupart, apprentis ou surnuméraires, qui, faute d'argent et de maîtresse, vont jeter au mauvais lieu leur innocence et souvent leur premier amour. Les malheureux prennent dans ces maisons infâmes le mépris de la femme; et lorsque le mariage, plus tard, vient à eux, avec l'âge et la position dans le monde, il les trouve presque tous l'âme flétrie, le corps malade, les illusions mortes, le cœur éteint, meilleurs, en un mot, pour le cercueil que pour le lit nuptial.

Ces forces personnelles, qui se retirent ainsi de l'ensemble, ne manquent pas, à la longue, d'épuiser la société. Tout suicide, et la prostitution comme elle se pratique de nos jours est un suicide véritable, attente à la vie d'un État et le désorganise profondément.

Le désordre se retrouve ici jusque dans les mots. Il ne devrait pas être plus permis à une fille ou à un homme de se *perdre* que de se tuer.

Ceux qui regardent cette perte de peu de conséquence pour l'État se trompent. La plupart des filles publiques sont belles ou l'ont été. Or un jour viendra où l'on reconnaîtra sans doute que la beauté des femmes est un moyen de gouvernement.

La beauté est, aussi bien que le génie, un don qui vient de Dieu ; la beauté est d'un bon exemple, la beauté civilise. Beaucoup d'esprits nuageux, inquiets, turbulents, systématiques, n'ont besoin de nos jours que d'être rappelés à la nature, à l'ordre, à l'harmonie par les lignes calmes et régulières du beau rendues visibles sur le visage de la femme.

A l'heure qu'il est la beauté des filles s'en va et se flétrit en quelques mois dans les travaux du métier. Or, un pouvoir bien constitué serait de sa nature absorbant. Il ne verrait, n'importe où, aucun don de la nature sans le tourner à son profit et au profit de tous. Il ne souffrirait pas que la beauté, repoussée ou trahie, aille, le soir, à l'angle des rues, par la pluie et le froid, les pieds dans la boue, la larme au cœur, le rire aux yeux, demander au passant attardé le pain de chaque jour, pain amer de reproches et de souillures!

La prostitution est, sachez-le bien, dans l'état actuel des choses, une source de mouvements et de désordres. Il devient toujours dangereux à la longue, pour un État, de laisser ainsi des membres se séparer du centre; ce sont ces forces divisées et en dehors qui, dans un temps donné, font les révolutions.

Il y a deux sœurs naturelles au monde, c'est la prostituée et l'émeute. Cette pauvre créature, repoussée avec dégoût et horreur par la société, lui oppose la résistance, la rébellion et la haine. Comme tous les êtres souffrants et mal à l'aise, la prostituée rêve un renversement; elle entretient ce qui l'entoure dans cet esprit de révolte. Ce sont en effet ces bouges enfumés et ces allées douteuses qui, au jour du tocsin, vomissent dans la rue des combattants. La vengeance et la pique sortent de là avec des baisers.

A quoi servent les représentants actuels du peuple, s'ils n'en représentent pas les misères et les véritables besoins? Au lieu de disputer pendant trois semaines pour savoir si M. Dupin sera *présidant* le conseil ou *président* du conseil, luttes sourdes et honteuses où s'étalent en petit comité les nudités de l'amour-propre, que ne vont-ils droit aux questions sérieuses, populaires, humaines? Descendez, messieurs, de ces discussions nuageuses qui apportent si souvent la foudre. Songez aux jeunes gens et aux femmes pauvres; ayez pitié de tous ces misérables qui chôment d'affections. Le cœur a ses vides comme le ventre, et il est aussi horrible de manquer d'amour que de manquer de pain. Avant de porter votre sollicitude sur les lois de disjonction ou d'apanage, aidez au mariage; occupez-vous du citoyen, de la famille, de la maison. Soyez sûrs d'ailleurs que c'est là un moyen de tranquillité publique. L'homme qui trouve son ménage ordonné à sa guise, qui est heureux dans ses affections et dans son intérieur se figure volontiers que l'État, cette autre grande maison, se comporte de même. Combien de têtes errantes, inquiètes et tumultueuses dont l'agitation tient presque uniquement au vide de leur cœur et que vous auriez calmées en leur faisant épouser la société dans une femme !

Ces maisons servent encore, dans l'ordre actuel des choses, de repaire aux vagabonds, aux forçats et aux voleurs : elles prennent et elles recèlent. Répudiée et proscrite, la fille se déclare ouvertement en état de guerre avec la société. Alors s'engage entre la société et elle une lutte longue, laborieuse, pénible où la victoire demeure, selon la chance, à l'une ou à l'autre, pauvre victoire dans tous les cas, et qui salit toujours celle qui l'obtient.

Aucune punition ne peut plus atteindre d'ailleurs des misérables si chargées d'infortunes ; la prison ne les effraie guère : Saint-Lazare vaut la maison de tolérance !

De tous ces faits sort à nos yeux la nécessité d'une réforme : il faut réprimer la prostitution ; il faut enlever sa proie à ce monstre affamé, à ce Minotaure des temps modernes qui dévore, bon an mal an, le tiers de nos filles.

La réforme de la prostituée est une mesure urgente qui pourrait s'opérer, nous venons de le voir, aisément et sûrement, par l'éducation, par l'atelier, par le mariage. Toutefois un plus grand que nous tous l'a dit : « Vous aurez toujours « des pauvres parmi vous ; » ce qui veut aussi bien dire : Vous aurez toujours des filles publiques! Car, outre que la prostitution prend sa source dans la misère, il est constant que les filles sont, à cette heure, de véritables mendiantes. A l'exemple de ces hommes qui font de la musique dans les rues, elles proposent, afin de couvrir le mot *aumône* prohibé, un autre jeu plus sombre et plus dangereux pour elles, mais du moins *toléré* par la police.

Oui, nous en avons la triste conviction, il y aura toujours des femmes dont l'éducation, l'atelier ou le mariage n'auront pas voulu, et qui, poussées par des vices ou attirées par l'homme, feront, à défaut d'autre industrie et d'autre ressource, commerce de leur corps. A quoi bon les blâmer? Le temps que nous perdons à déclamer et à faire de la morale dans le vide, employons-le plutôt à organiser toutes choses pour le mieux. Les prostituées, quoique dangereuses et à fuir, sont, dans l'ordre de l'État, ce que sont les aspics, les couleuvres, les vipères, les scorpions dans l'ordre de la nature : il faut les accepter bon gré mal gré. Au lieu donc d'appeler sur elles le mépris, l'anathème et la proscription, rehaussez ces infortunées à leurs propres yeux en les menant à leurs droits. Puisque la prostitution est, de l'avis même du vertueux

M. Parent, un fait nécessaire, cherchez à faire entrer ce fait dans l'ordre général de la société.

Pour cela, il faudrait commencer par faire rentrer les filles dans l'État; rien ne vient de bon en dehors de la société; pas de branches vives et fleuries loin du tronc.

Vous avez repoussé de l'État la prostituée et vous avez mal fait; vous l'avez par cela même condamnée à l'abrutissement, au désordre, à l'impénitence; vous en avez fait un être anormal qui n'a plus dès-lors rien de commun avec la femme et qui n'est plus forcée de rougir en faisant le mal : c'est son métier. A la société qui l'admonesterait en vain, elle aurait droit de répondre : Je ne suis plus des vôtres; vous m'avez chassée, dégradée, proscrite : il n'y a rien de commun entre vous et moi.

Loin d'isoler la fille et la maison de

filles, il faut, au contraire, que la société descende dans ces établissements; c'est à la civilisation d'aller trouver la barbarie, à l'ordre de visiter le désordre, à l'esprit de purifier la fange. Quand Dieu, au commencement, voulut faire l'homme, ce chef-d'œuvre des six jours, il mit lui-même la main à la boue : *Fecit hominem de limo terrœ.*

Ne tolérez pas la maison de filles; acceptez-là : c'est le moyen de l'amender à coup sûr en y introduisant, au nom de l'État, le bien-être et la convenance.

C'est en effet par la réforme de ces établissements qu'il faut commencer la régénération des prostituées. Tels qu'ils existent à cette heure, ces établissements font honte à notre civilisation. Les *dames de maisons* s'enrichissent partout des veilles et des sueurs de leurs ouvrières avec une impitoyable avidité. Quelques-unes font leur fortune en moins de cinq années; elles se retirent alors dans une maison de campagne aux environs de la ville et s'établissent avec quelque officier veuf et décoré. On en a vu se présenter à l'autel en robe blanche et la couronne de fleurs d'oranger sur la tête, tandis que ce jour-là, peut-être, quelque pauvre fille, instrument de leur fortune, s'en allait, fétide, solitaire, oubliée, à l'hôpital ou au cimetière.

La dame de maison est le premier abus qu'il faille supprimer; mais il y en a bien d'autres dans ces maisons honteuses et malsaines, où tout est désordre, ténèbres, chaos. Toutefois ces établissements eux-mêmes n'ont pu s'isoler entièrement du progrès. Si l'on rencontre encore quelques mâsures sombres, infectes, démantelées, d'où sortent au crépuscule des chauves-souris et des filles, elles sont rares et n'ont

surtout rien de commun avec « ces habi-
« tations anciennes qui, selon M. Parent « Duchâtelet, ne semblaient pas destinées « à l'espèce humaine, mais à des animaux « immondes. » Il y a même quelques maisons qui se rapprochent un peu de nos idées. « La maîtresse y a son appartement « où se tiennent ses filles; on vient l'a-« vertir, comme une duchesse, lorsque le « repas est servi; et, lorsqu'elle paraît, « toutes doivent se lever et se tenir de-« bout jusqu'à ce qu'elle soit assise. C'est « elle qui a le bout de la table et qui en « fait les honneurs; l'ordre le plus parfait « règne pendant le repas; on n'y entend « aucun propos inconvenant. » Le salon est également tenu avec décence : « On « n'y voit plus, ajoute le même auteur, « ces vêtements diaphanes et ces postures « lubriques qu'affectaient autrefois les « filles de mauvaise vie. »

Un fait donc qui répond à toute objection, c'est que cette réforme de l'état mal, séant des filles s'accomplit à notre insu et pour ainsi dire malgré nous. Chaque jour la prostituée s'avance vers un ordre de choses meilleur et plus convenable. « Ceux « qui comparent ce qu'elle est aujourd'hui, « remarque naïvement M. Parent, avec « ce qu'elle était il y a quinze ou vingt « ans ne peuvent, pour ainsi dire, plus la « reconnaître. »

Allez donc à elle puisqu'elle vient à vous. Ce serait à la société qui est le troupeau, et au pouvoir qui est le pasteur, de courir après cette pauvre brebis égarée; mais puisqu'elle retourne d'elle-même sur ses mauvais pas, puisqu'elle frappe à la porte du bercail, ouvrez-lui! Quand nous élevons ici la voix pour elle, quand nous demandons que l'État donne entrée désormais dans son sein à la prostituée, qu'on comprenne bien, en outre, que nous réclamons en faveur du nombre. On compte une fille de vie équivoque sur deux cents trente-trois individus domiciliés à Paris. Cette population se dégrade en dehors de la société et demande avec larmes qu'on lui en accorde les droits. Autrement, elle s'insurgera contre elle avec colère. Apprenez-le donc, une bonne fois, il y a toujours des larmes dans la vengeance et de la misère sous la révolte. L'être qui souffre est remuant et destructeur de sa nature. Que la société fasse pour la fille autant que fait l'émeute ; c'est-à-dire, qu'elle la respecte, qu'elle la défende, qu'elle la protége, qu'elle la convie à tous ses bienfaits, et la prostituée rentrera calme, bienveillante, soumise dans la grande famille humaine.

La pauvre prodigue a, du reste, conservé le souvenir du foyer commun, du toit social; elle a honte et dégoût de ces plaisirs grossiers et contre nature, vraies *siliques* qu'elle dispute aux pourceaux, et elle n'attend pour se jeter dans les bras de l'État avec amour que le jour où l'État lui dira : Ma fille! *

V

Quand l'État aura reçu la prostituée dans son sein il lui sera plus aisé de la secourir. Or, c'est ici que commence la seconde moitié de sa tâche.

Améliorez le sort des prostituées! Là où il n'y a présentement que honte, souffrance, misère, abandon, apportez la protection et le bien-être. Ne souffrez pas cette vie d'humiliations qui commence au grabat et qui s'achève à l'hôpital. En rendant les filles plus heureuses vous les rendrez meilleures. Le moral de ces infortunées se relève peu à peu à mesure que l'on remonte vers des établissements plus riches et mieux tenus. Les filles de la première classe se livrent pendant le jour à des lectures instructives ou amusantes; jamais on ne leur voit dans les mains d'ouvrages obscènes. Elles recherchent au contraire de préférence, dans leurs lectures, les scènes tragiques, les traits de vertu, les vives émotions, le courage maternel, la pitié, le sentiment filial.

Celles-là choisissent leurs amants parmi de jeunes commis, des élèves en droit, des étudiants en médecine, des sous-officiers. Elles leur sont toutes fidèles, sinon constantes.

Quelques-unes remontent d'elles-mêmes, et à votre insu, jusqu'au mariage.

Sur trois mille quatre cent une filles publiques, trois cent dix-neuf se sont réfugiées dans des maisons de repentir ou de retraite, deux cents cinquante quatre ont été redemandées par leurs parents et sont rentrées avec joie dans la famille, cent vingt et une ont trouvé à se marier, vingt-huit ont été reprises par leurs maris qu'elles avaient abandonnés, et cent une ont été réclamées par des gens riches, parmi lesquels trois colonels de régiment et un amiral russe. Sur les cent vingt et une mariées quelques-unes se sont établies avantageusement; vingt-sept ont épousé des ouvriers à leur aise, douze des marchands, et cinq des hommes distingués dans le monde. Onze avaient exercé le métier pendant une année, huit pendant deux ans, treize pendant trois ans, quatre pendant quatre ans, trois pendant [illegible], une pendant treize ans. Toutes se conduisirent gravement et honorèrent le mariage autant que le mariage les honorait.

D'autres rentrent dans le monde, entraînées qu'elles sont par cette force naturelle et instinctive qui ramène tout être intelligent à l'état de société. Quelques-unes y tiennent un rang honnête. Sur cinq mille quarante prostituées qui avaient quitté leur état onze servirent dans les hôpitaux, treize se firent sages-femmes, et dix-sept actrices; cinq tinrent des pensions bourgeoises, trois des cabinets de lecture, et une un débit de papier timbré; une autre devint maîtresse de musique dans un grand pensionnat.

Si, abandonnées à elles-mêmes, livrées à leur propre humiliation, cernées tout à l'entour par le mépris et les obstacles sans nombre, ces pauvres filles tombées trouvent encore le moyen de se relever jusqu'à l'estime publique, jusqu'à la société, jusqu'au mariage, que serait-ce si entre elles et nous vous n'éleviez pas comme un mur insurmontable : l'anathème !

A quoi bon avilir de vos mépris insensés ces pauvres créatures qui se sont déjà tant souillées à courir l'homme et le ruisseau, deux chemins également fangeux. Entre elles et vous, il n'y a d'ailleurs qu'une raison de prééminence : la force. Vous faites l'opinion ; elles la subissent. Cette raison est celle de toute tyrannie, seulement elle change de forme selon l'occasion : sous la main des rois elle devient le canon, sous la vôtre l'ignominie et la boue. Vous éclaboussez où les autres mitraillent : c'est aussi barbare, et c'est plus lâche.

Au lieu d'insulter à ces ruines, relevez-les ; redorez ces vertus frustes et mutilées ; retrouvez des femmes sous ces filles !

Ce mouvement vers le bien deviendrait encore beaucoup plus rapide si l'État s'en mêlait. Or, après les premiers soins matériels, c'est le moral qu'il faut redresser chez ces pauvres créatures abaissées et à genoux. Il faut leur donner une plus grande idée d'elles-mêmes qu'elles ne l'ont généralement dans leur état actuel d'abjection. Au lieu de les tenir humiliées à nos pieds tendons-leur la main pour les remettre debout. Quand Jésus de Nazareth voulut convertir la grande pécheresse il lui dit : — Femme, releve-toi !

Il y aurait, en effet, à retirer de la prostitution toutes celles qui n'y demeurent que faute de trouver ailleurs une nourriture et un asile. Le nombre en est grand. Il suffirait pour cela de lui ouvrir les bras. Ces malheureuses, qui ont fait l'expérience du vice et savent ce qu'on y souffre, rendraient à l'État d'autres services plus utiles que ceux qu'elles lui rendent à cette heure.

Toutefois, nous le répétons, il en restera toujours un assez grand nombre au métier. C'est sur celles-là que nous appelons dans ce moment l'intérêt et la sollicitude de la société. Nous voulons qu'elle les adopte pour mieux les réformer et les maintenir. La maison de prostitution deviendrait par ce moyen un lieu de passage où une faute et la misère pourraient bien pousser encore de temps en temps les jeunes filles, mais non un lieu irréparable marquant le signe de réprobation sur ses damnées et s'entourant de l'éternité du mal. L'enfer s'en va de nos croyances; qu'il se retire aussi de nos mœurs!

La question se résume en ces termes fort simples : qu'il y ait le moins possible de filles publiques dans l'État et qu'elles soient de meilleur aloi possible.

Celles que n'auront pu supprimer ni l'éducation, ni l'atelier, ni le mariage, ni la tolérance, ni la persuasion, civilisez-les : tout est là.

Pour cela il est besoin d'une bienveillance infinie qui nous semble le véritable esprit et le seul qui nous soit resté de l'Évangile. N'éteignons pas la mèche qui fume encore ! ne brisons pas le roseau qui tremble ! ne jetons pas le vin de la coupe, parce que au fond il s'y trouve de la lie !

Il y a mille qualités dans le cœur des filles qui ne sont qu'engourdies par l'état d'isolement et de dégradation où nous les avons amenées et qui se raviveraient d'elles-mêmes sous un régime meilleur. Profitez-en : prenez la prostituée par les côtés où elle est le plus sensible; par l'amour, par la maternité, par le mariage, par le respect, par le lien social; ramenez-la naturellement et peu à peu à la dignité de femme.

Au moyen âge la condition des filles publiques était généralement confondue avec celles des juifs. Elle a traversé ainsi pendant des siècles tous les signes de l'esclavage et de l'anathème, le bonnet haut, la plaque d'étain, la ceinture dorée; il est temps qu'elle sorte enfin de cet avilissement.

La régénération et l'affranchissement de la fille, voilà à notre sens l'une des vraies mesures politiques qui devraient occuper nos législateurs. Si la Chambre soulève si peu de sympathies vives dans le pays, cela tient à ce qu'elle traite des questions d'amour-propre et non des questions de réforme. Il importe peu au peuple, qui ne connaît ni M. Guizot, ni M. Thiers, ni M. Barrot, que le pouvoir soit aux doctrinaires, au centre gauche, ou à la gauche dynastique, que nous soyons à genou devant les puissances étrangères, lui qui est debout; mais il importe à tout homme marié qui a des filles, ou qui peut en avoir, que la misère ne les entraîne pas au vice, et le vice à l'infamie.

Sans doute quelques-unes des questions agitées par les journaux sont graves; ce sont généralement celles dont la Chambre refuse de s'occuper.

Par exemple, il serait bon que la France prît enfin une attitude imposante et fière dans les affaires d'Orient, qu'on détruisît l'influence russe, qu'on soutînt vis-à-vis d'Abdel-Kader la dignité de notre drapeau; ce sont à coup sûr des questions sérieuses que nous traiterons nous-même au besoin avec le calme et la gravité qui conviennent.

Mais, il faut bien le reconnaître, ce ne sont là que des moyens, et au-dessus de ces moyens il y a un but, *le bonheur du peuple*.

Ce but les journaux le perdent souvent de vue dans la pratique, les députés en font bon marché devant la Chambre, les gouvernants l'oublient ou y résistent.

Cependant le peuple a faim; et la faim porte au vol ou au déshonneur, la faim conduit les fils au bagne et les filles au lupanar.

Les faits que les journaux signalent à leurs lecteurs comme les événements *actuels* ne sont pas, à notre avis, les vrais événements ; les questions politiques qu'ils débattent ne sont pas les vraies questions.

Par exemple, l'événement du mois, ce n'est, à nos yeux,

Ni le mariage du duc de Nemours,
Ni la maladie du comte de Paris,
Ni le voyage du prince royal à Alger :

L'événement plus réel, qui intéresse tout le monde, qui se renouvelle chaque jour, le véritable événement politique du peuple, c'est que LE PAIN DE QUATRE LIVRES EST A 17 SOUS.

La question, c'est qu'il y a par le froid et la pluie, au mois de janvier, de petits mendiants qui courent les rues pieds nus, des filles qui arrêtent les passants au coin de la borne, et que la mendicité et la prostitution sont deux plaies hideuses qu'il faut faire disparaître des sociétés chrétiennes.

Ces questions-là, en effet, intéressent tout le monde; car toutes les pauvres familles ont des enfants qui peuvent d'un jour à l'autre, faute de pain et d'ouvrage, tomber dans ce bourbier.

Si nos hommes d'État ne remarquent pas des maux aussi réels, aussi présents, aussi positifs, c'est qu'ils ont devant les yeux le bandeau doré de l'égoïsme ou le nuage encore plus épais des théories vagues et nébuleuses. Or, les plaies du peuple, voilà les vraies questions. Ils n'y a pas à faire, comme saint Thomas, les incrédules et les esprits forts, ceci n'est malheureusement pas un rêve; ces plaies existent, ces plaies sont devant vous : touchez-les!

Si nous avons exposé ici quelques considérations sur l'état misérable des prostituées, c'est que, suivant nous, la cause de ces pauvres filles se lie aux intérêts de la moitié la plus faible, la plus nombreuse, la plus souffrante, la plus dévouée du genre humain; — la question des filles se rattache étroitement à la question de la femme.

Le christianisme, en glorifiant la virginité, l'amour, la beauté, la pudeur, la maternité et tous les vrais attributs du sexe dans la personne de Marie pleine de grâce et mère de Dieu, a contribué plus que tout le reste, dans les temps modernes, à relever la femme. En Italie, par exemple, et en Espagne l'on adore bien moins Jésus que sa mère : on la rencontre dans toutes les églises, et même sur les routes, en plein air, ou dans des niches appuyées aux maisons. C'est à elle que reviennent surtout les offrandes de fleurs ou de fruits, les prières et les signes de croix. Le peuple s'accoutume de la sorte à ne voir plus seulement une femme, mais toutes les femmes dans cette madone glorieuse et couronnée qu'il célèbre à mains jointes.

Tous les anciens législateurs ont eu à cœur de rendre la femme sacrée et vénérable ; les juifs avaient anobli les travaux de la maternité en leur promettant la naissance du Messie. C'était dès-lors à qui enfanterait le désiré des nations dans l'œuvre et le recueillement du mariage.

Napoléon avait renouvelé la chose en soldat ; il récompensait les mères qui satisfaisaient à la consommation dévorante de ses victoires. Comme les anciens juifs, il respectait surtout dans la femme le moule humain, moule fragile et mystérieux que la prostitution détruit quand elle se pratique, comme de nos jours, brutalement, sans relâche et souvent contre les lois de la nature.

Que savons-nous s'il n'y pas encore quelque part un messie à naître, et dont le vice étouffe le germe à l'ombre du mauvais lieu !

Dans tous les cas, la femme est la compagne naturelle de l'homme, qui s'ennuie plus que jamais d'être seul. Il y a mille douleurs morales propres à notre temps et que nous la croyons seule appelée à guérir. Nous ne sommes pas de ceux qui la croient destinée jamais à la révolte et aux durs travaux de la pensée ; le vrai génie de la femme est dans son cœur. Mais il nous semble qu'il y a, en dehors de la violence et de l'orgueil, tout un ordre de services doux, patients, soumis, amoureux que la femme seule peut rendre, et dont la jeunesse de nos jours, triste, malade à l'âme, aurait plus que jamais besoin pour fuir le dégoût de la vie et le suicide.

Au contraire, les prostituées, à cette heure, avilissent la femme dans le cœur des hommes. Les mauvais jugements qu'on forme sur elles s'étendent bientôt, et sans qu'on s'en aperçoive, à tout leur sexe. Il n'y a plus de femme pure et voilée au monde pour celui qui sort d'entre les bras d'une créature nue, abrutie, avinée et dégoûtante. Ces malheureuses détruisent, chez celui qui les fréquente et qui s'y livre, toute croyance à la chasteté, à la pudeur et aux saintes joies du mariage. Elles abolissent le culte de l'amour. De tous temps, ce sont les mauvais prêtres qui ont amené le doute et le mépris de leur religion.

Cet état déplorable et avili des filles tient, comme nous l'avons dit plus haut, à l'opinion qu'on a d'elles dans le monde. Chargez de votre anathème, de vos mépris telle classe de la société que vous voudrez, et vous la verrez bientôt descendre au-dessous même de ce mépris et de cet anathème. Les femmes surtout, en général, molles et ductiles par caractère, sont ce que l'opinion les fait.

La prostitution, dans l'origine, est un vice : elle sort de sources impures et misérables; mais vous l'avez encore gâtée par l'ironie, le sarcasme, le mépris et le dégoût amer que vous avez répandu sur elle. Ce n'est pas le moyen d'éclaircir et de nettoyer un ruisseau que d'y jeter de la boue.

Nous croyons donc qu'avant tout il faut relever les filles dans l'opinion. De quoi leur serviraient le bien-être avec l'affront et la pitié sans le respect ? Or le moyen de les relever promptement et à coup sûr c'est de les admettre, de les protéger, de les traiter décemment et gravement, comme des créatures déchues sans doute, mais dont le front porte encore l'image de la femme. Respectez-les, relevez-les, instruisez-les ! Leur cœur, quoique souillé, contient encore quelques gouttes de cette liqueur précieuse et inestimable de l'amour, que Marie-Madelaine versa sur les pieds de Jésus comme un vase de parfum, et qui fut doux au Sauveur lui-même, puisqu'il dit, en la regardant avec bonté : « Laissez faire cette femme. »

Cette idée de ramener les filles à la société, à la famille, au mariage, à la décence rencontrera sans doute des obstacles ; il y a de vieux préjugés qui y feront résistance ; il y a des vertus moroses et aveugles qui s'insurgeront contre elle avec colère. C'est le sort inévitable de toute amélioration, de toute idée nouvelle. Il ne faut, pour cela, ni s'effrayer ni s'entêter : Examinez ! A nos yeux une telle mesure est, dans l'état présent des choses, un devoir et une religion. Relevons cette pauvre créature tombée dans le ruisseau et dans la boue, souvent en courant après l'amour; lavons cette figure humaine si souillée, restaurons-la, purifions-la, afin d'y retrouver, sous les mutilations et la fange, l'image de Dieu.

Quand reconnaîtra-t-on enfin que tous ces grands révélateurs, Moïse, David, Salomon, Mahomet, JÉSUS-CHRIST sont les vrais maîtres de la société, puisque c'est de leur influence que naissent longtemps après eux les hommes politiques!

Le saint-simonisme, cette révélation de notre temps, a également (et c'est une de ses gloires) élevé la femme jusqu'à des destinées nouvelles.

Mais peut-être son action prématurée a-t-elle, au lieu de les servir, compromis involontairement les intérêts de cette moitié faible et humiliée de la société.

En attendant, il faut raffermir l'union des sexes, la famille et toutes ces saintes institutions que les secousses de ces derniers temps ont ébranlées sur leur base. Au lieu de jeter dans la tête des femmes des idées de guerre et de rébellion, qui ne peuvent manquer de leur être fatales, puisque les femmes ont contre elles, dans cette lutte, la force physique des hommes, il faut, au contraire, les relever par la soumission et la patience. La vraie domination de la femme consiste dans sa beauté, dans sa toute-puissante faiblesse, dans son amour. L'influence qu'elle exerce est toute morale et existe d'autant mieux qu'elle a plus soin de la cacher : elle nous domine en s'humiliant.

C'est lorsqu'elle se fait la sœur de charité de nos maux, l'ange gardien de notre vie, que la femme nous gagne peu à peu et malgré nous à ses idées; elle s'élève à la condition de descendre en apparence et de se faire petite, comme le fils de Dieu dans l'étable de Bethléem.

V

Il y a au sein de nos grandes villes une race flottante de mendiants et de filles, race de bohémiens que la civilisation n'a point atteinte, race d'esclaves que la Révolution n'a pas délivrée.

Ce sont les membres souffrants de la société.

Or, de ces maux, de ces privations, de ces douleurs humaines, sort cette voix du peuple qui commence par des plaintes et qui finit par le tocsin.

Peuple, ces souffrances cesseront le jour où tu le voudras fortement ; où, au lieu d'écrire sur ta bannière les formules niaises et obscures des partis, tu écriras, comme en 89 : « Du pain ! »

Le jour où, las de subir les charges qu'on t'impose, tu diras au gouvernement : « Empêchez nos fils de mendier, « nos filles de se vendre ; fermez le Dépôt, « fermez le mauvais lieu, et ouvrez-nous « l'atelier ! »

Jusqu'ici le peuple a versé son sang à la suite des partis et pour satisfaire l'ambition de quelques meneurs ; il est temps qu'il songe enfin sérieusement à ses propres intérêts. Avec la moitié des peines et du mouvement qu'il s'est donné depuis trente ans au profit de chefs ingrats ou impuissants, il aurait à coup sûr amélioré de beaucoup sa position.

Or, le contraire est arrivé; celui qui distribue les couronnes n'a pas de pain dans la main!

Commencez donc par être nourris et vêtus, par avoir un toit, par vous faire donner des lois justes, par organiser cette grande maison qu'on nomme l'État de manière à ce que chacun y soit à l'aise.

Ensuite vous arrêterez votre choix sur les hommes.

Les améliorations solides sont celles qui s'obtiennent par des voies paisibles et légales.

O peuple! les droits et les avantages que tu as jusqu'ici vainement demandés à l'émeute, demande-les à la parole, à l'intelligence, au progrès des idées, et tu les obtiendras!

Élève plutôt ta voix par la force de la vérité que par le bruit du canon.

C'est surtout lorsqu'elle se modère et se contient que cette voix est forte ; c'est alors qu'à cause de son calme, de sa plénitude et de sa sérénité grave, en présence des petits hommes et des petites choses qui passent, elle devient, à force de grandeur et de justice, la voix de Dieu.

Sois calme, toi qui es fort ; sois patient, toi qui es éternel !

Laisse passer devant toi toutes ces ambitions qui s'essoufflent à saisir un pouvoir d'un moment ; frères, notre jour viendra.

Peuple, tu souffres ; un long cri sort de l'abîme où tu es plongé, et monte du mendiant à la fille, de la fille au prisonnier, du prisonnier au condamné à mort. Le monde gémit et travaille. Tous les fronts sont courbés, tous les cœurs sont vides, toutes les âmes sont lasses. Pendant ces derniers temps, le vieux libéralisme a desséché les croyances sans améliorer le sort du peuple. On a retiré le paradis de la hotte du pauvre et on y a laissé les chiffons.

C'est le contraire qu'il fallait faire.

Sans ôter au malheureux la foi en un monde meilleur, il faut lui rendre celui-ci supportable, il faut retirer les ordures de la hotte trop lourde du chiffonnier et y laisser l'espérance du ciel.

Pendant que ce petit livre s'imprimait il a paru un roman qui touche de nouveau à la question des filles perdues, il a pour titre *les Femmes proscrites*. L'auteur, qui est un homme d'esprit et de style, a voulu réhabiliter à la fois les femmes mariées qui ont succombé à un amour coupable et les femmes libres qui jettent leur cœur à tout venant; les femmes adultères et les courtisanes.

La morale de M. Arnould Fremy est toute de tolérance et de charité.

Il se penche vers la femme adultère, et il dit : « Que ceux ou celles d'entre vous qui se sentent sans péchés lui jettent la première pierre. » Il se tourne ensuite vers la courtisane, et il ajoute : « Allez, ma fille, il vous sera beaucoup remis, car vous avez beaucoup aimé ! »

Cet esprit d'indulgence et de pardon deviendra bientôt celui de toutes les âmes élevées.

Nous ne saurions mieux finir ce petit livre que par des vers de l'auteur des *Hirondelles* et de *Charlotte Corday*. Ils résument notre pensée et nos sentiments. M. Alphonse Esquiros nous pardonnera de détacher de son recueil encore inédit ces vers tombés par hasard sous notre main :

. . . .

Les clochettes de mai secouaient leurs ombelles ;
C'était fête du roi ; les lions et les belles
Laissaient, après l'hiver, éclore avec pâleur
Au soleil attiédi leurs toilettes en fleur :
Mais tandis que les quais versaient leur foule accrue,
Un pauvre aveugle était à l'angle d'une rue,
Au milieu de la fête et non loin du château,
Assis contre une porte, avec un écriteau.

Gardes nationaux tenant au bras leur femme,
Officiers de comptoir que la presse diffame,
Courtisans harnachés allant à leurs travaux,
Riches, dans leur orgueil, traînés par des chevaux,
Tout passait, tout riait sans regarder cet homme.
Il avait beau, taisant le nom dont on le nomme,
Crier : « Je suis l'aveugle et je vous tends la main !
« Donnez, vous qui passez, chrétiens, par le chemin. »
On ne l'écoutait pas : on allait à la fête ;
On allait... Dans la foule immense et satisfaite,
Vers l'aveugle que Dieu de son pouce toucha,
Hors une jeune fille aucun ne se pencha.

C'était ce que l'on nomme une fille perdue,
Une âme par la faim à l'opprobre vendue ;
Elle avait payé cher le sou qu'elle donna ;
Et Dieu, que l'on dit bon, alors lui pardonna ;
Car aveugle de cœur, mendiante elle-même,

Pauvre fille qu'on bat et que jamais l'on n'aime,
Elle avait le matin, vous le savez, Seigneur!
Ramassé cette aumône aux égoûts de l'honneur.

Riches beautés, au col tout chargé de guipures,
Ce sou, quoique tombé d'entre des mains impures,
Ne la méprisez pas! ce sou, je vous le dis,
Luira plus que votre or, un jour, au paradis!

2 mai 1840.

Si ce petit livre a une suite nous traiterons différents sujets, comme les *Pauvres*, les *Prisons*, l'*Évangile du Peuple*; celui-ci peut donner une idée des autres : ce sera toujours le même regard sérieux, compatissant et mélancolique jeté sur tout ce qui souffre.

L'auteur qui écrit ces lignes sort de cette masse patiente, ténébreuse et pauvre qui s'agite depuis des siècles pour se faire dans l'État un peu de place et de lumière.

Il en a gardé une grande compassion pour les maux de ses frères ; il voudrait verser un peu d'huile pour rallumer la lampe éteinte aux mains des vierges folles ; il voudrait secouer la nappe des riches pour en faire tomber les miettes sur la bouche affamée de Lazare ; il voudrait éloigner les pierres et les affronts du sein effaré de la femme adultère ; il voudrait dire à tous : Vivez en paix et aimez-vous les uns les autres.

Suivant lui, tout le progrès révolutionnaire des temps modernes est sorti du christianisme. Il reviendra souvent à cette grande source pour s'y abreuver. La politique de nos dépntés lui semble petite et étroite devant la doctrine du Nazaréen. La Charte dit : « Tous les citoyens sont « égaux devant la loi ; » l'Évangile dit : Tous les hommes sont égaux devant Dieu !

FIN.

SOMMAIRE.

Introduction. — Les *femmes entretenues*, *les femmes galantes*, *les femmes à parties*, *les grisettes*, — *les prostituées*. — Causes de la prostitution. — Les femmes ne sont pas faites pour le travail. — Éducation des filles dans la maison de tolérance. — Habitudes, mœurs et règlement des filles pendant la journée. — Leur état moral; amour des fleurs; sentiments religieux. — Leur joie quand elles deviennent mères. — [illegible]ours des filles. — Micaud et Allietto. — Bonnes qualités des filles. — Opinion de M. Parent Duchâtelet à cet égard. — Rapports entre les filles et l'émeute. — Réforme des maisons de tolérance. — Remède à la prostitution. — Régénération des filles. — Avenir des femmes.

BN

www.ingramcontent.com/pod-product-compliance
Ingram Content Group UK Ltd.
Pitfield, Milton Keynes, MK11 3LW, UK
UKHW021037230726
13926UKWH00004B/1529